어머니의 지팡이

어머니의 지팡이

김필규 시집

우리글

시인의 말

강변에 선 늙은 잡목 한 그루
고독에 울면서도 고독이 좋아 서 있다

시는 눈물이다
서정성이 물씬 풍기는 시를 쓰고 싶었다
결국 눈물밖에 없었다
내 못난 모습에 또 한 번 눈물로 분칠한다

자연 속에 인생이 있다
자연을 보면 내 인생이 보인다
인간도 자연의 섭리를 벗어나지 못하기 때문이다
시는 인생 탐구다

2012년 8월
虛山齋에서 김필규

차례

2부

3부

4부

1부

밤 강의 서사시

밤 열차를 타고 낙동강을 따라 내려가 보라
강 건너 두어 개 불빛, 거기
벙어리 모자가 살고 있거나
장애 부자父子가 살고 있거나
장가 못 간 노총각과 늙은 과부 어미가 살고 있거나
농막을 지키는 늙은 홀아비 농부가 살고 있으리
누구이든 내 거기 가서 함께 살고 싶어라
인생의 강 건너 아득한 그 어디
밤이면 별빛 같은 불빛 하나 더 내걸고
밤새도록 서시시를 읽으면서 살고 싶어라
어쩌면 내려올지도 모를 달과 별을 기다리며
뛰어나올지도 모를 강 속의 잉어를 기다리며
거기 가 살고 싶어라
밤 강물이 쓰는 서사시를 읽으며
아득한 거기
달과 별을 받기 위해 검은 이불을 펴고
달과 별을 끊임없이 담아 날라
낙동강 하구의 모래톱은 달과 별의 언덕이다

강물의 시

이 세상 눈물이 모여들어 강물이 되었는데
강물은 날마다 이별하고 날마다 울고 가는 시를 쓰는데
낮에도 쓰고 밤에도 쓰는데
낮에는 바람과 구름과 새소리와 나무와 꽃과 갈대와 풀잎의 시를 쓰고 밤에는 달과 별과 풀잎에 맺히는 눈물과 어둠 속의 비밀에 대해 쓰는데
오늘은 비온 뒤라 강물이 불어나고 강물이 불어나니 오늘 시는 불어난 강물처럼 부풀어 올라 허리가 불룩해져 있는데
이처럼 강물의 시는 때로 여위어졌다 살이 쪘다 하는데
강물이 쓰는 시는 줄 바꾸기도 하지 않고 문장부호도 없는 한 줄로 된 긴 시를 쓰는데
글줄도 똑바르지 않고 꾸불꾸불하고 세상의 종이 위에는 다 적을 수 없어 대지大地에 적어 내려가면서 산자락을 돌기도 하고 들길을 가로질러 쓰기도 하는데
이 세상 눈물이 마르지 않는 한 강물도 마르지 않고 강물이 마르지 않는 한 강물이 쓰는 시도 그치지 않을

것인데
따라서 강물의 시는 얼마나 길고 언제 끝날지 모르는데

해의 몰락

먼 길 걸어온 사랑의 불덩어리
붉은 끈으로 묶어 팽팽히 끌어당겨
야금야금 다 파먹고
산은 가슴이 까맣게 탔다
하늘은 피로 붉게 물들고
강물엔 선혈이 낭자하다
해의 몰락

해가 몰락하는 저 먼 산 너머는 어떤 곳일까
사시사철 꽃 피고 새 울고
세월 가는 줄 모르는 신선들이
날마다 잔치하는 무릉도원이 저기일까

도깨비들이 도깨비방망이로
금 나와라 뚝딱
은 나와라 뚝딱
금은보화 펼쳐놓고
새 세상 꾸리는 중일까

몰락이 저토록 장엄하고 아름답다면
내 몇 번이라도 몰락하겠네

그러나, 사랑아
몰락 뒤에 몰려오는 검은 괴물은
나를 가두고 어디로 끌고 가
사랑의 죄를 물을 것인가

강변 염문艶聞

금정산 억새가 낙동강을 내려다보다가 저와 비슷한 족속이 살고 있어 어슬렁어슬렁 걸어 내려왔다가 슬그머니 갈대밭 옆에 서서 살았것다

갈대와 억새는 바람 부는 강변에서 염문을 뿌렸다네 하얀 머리 곱게 빗어 넘긴 억새 할매와 훤칠한 키에 희끗한 머리의 멋쟁이 갈대 할배가 지척에서 지내다 가을이 되자 사랑이 싹텄다고 소문이 났네

그들은 음성 언어가 아닌 수화手話로 밀어를 나눈다네 갈대 할배가 투박한 손으로 끄덕끄덕 손짓하면 억새 할매가 빠진 이빨 감추려고 호호호 웃으며 다가가고 억새 할매가 쪼글쪼글한 손으로 손짓하면 갈대 할배가 굽은 등을 억지로 바로 세우며 성큼성큼 다가갔다네

이들을 처음 맺어준 것도 바람이고 처음으로 소문을 낸 것도 바람이라네 갈대밭에 떨어진 낙동강 오리알은 실은 오리가 낳은 것이 아니고 이들이 낳은 늦둥이라나 어쨌다나 이 알을 깨고 곧 사람이 나오고 그는 곧 강변국江邊國 개국시조開國始祖가 될 것이라는 소문도 이

강변의 나무와 풀들과 새와 구름과 강물 사이엔 파다하게 퍼졌다네 심지어는 갈대숲속을 헤집고 다니는 들쥐까지 알고 있는 사실이라네

강변국의 국체國體는 자연민주공화국自然民主共和國이 될 것이고 이들의 이념은 주로 낭만주의가 될 것이라고 지나가는 바람이 귀띔해 주었다네

오늘도 갈대 할배와 억새 말매는 서로 붙어 서서 분위기 좋은 갈대밭에서 인간들이 들을라 수화로 사랑을 속삭인다네

강변 주막집

마누라가 텃밭에 가꾼 콩이나 참깨 몇 됫박 들고
오일장에 나가 팔아 잔돈푼 마련하여 돌아오는 날
마누라 빤스 달랑 하나 사서 검은 비닐봉지 흔들며 오다가
남은 돈 홀라당 날려도 좋을 주막 하나
이 강변에 있었으면 좋겠네
나이 든 시어머니와 좀 젊은 며느리
쌍과부가 장사하는 주막

쌍과부 중 한 과부와 염문을 이 강변에 뿌리고
밤 이슥하여 달그림자 이끌고
'노들강변 백사장'을 흥얼거리며
갈대숲과 함께 가끔은 주척거리며
어깨춤도 추어보고

그래도 놓치지 않고 들고 오는
마누라 속옷에 흐뭇해하며
얼굴 두껍게도 당당하게 집을 찾아오는
능글맞은 사내가 되고 싶네

한 시절 주모와 염문 뿌려도
과부 속살 한번 만져 보지 못한
못난 사내 되더라도
주막집 주모의 기둥서방 노릇이나 하며
젊은 과부도 가끔은 흘끔거리고
강물처럼 한 세월 흘리며
그렇게 살면 어떠리

강변 동화童話

그 지집애 처음 보던 날
니 어디서 왔노, 물었다
서울, 캤다
분이도 서울 갔다 아이가, 캤다
분이가 누구야, 캤다
우리 옆집에 살던 지집애, 캤다
와 여기 왔노, 물었다
가슴이 아파서, 캤다

열 살도 되기 전
그 아이와 난 강변에서 놀았다
풀잎도 따고 들꽃도 따고
강물에 들어가 조개도 주웠다
한번은 강물에서 아이가 깜짝 놀라 뛰어나왔다
와 카노, 물었다
발밑에서 무엇이 꼼지락거려, 캤다
모래무지 아이가, 캤다

어느 날 문득 그 아이 손을 잡고 말았다

그 지집애
귓불이 볼그레해졌다
나도 얼굴이 달아올랐다
이튿날 그 지집애는
눈인사도 못한 채
양복 입은 사람 따라 마을을 떠났다
어제 손을 잡지 말 것을, 하고 생각했다
내 손이 바르르 떨렸다
떨리는 손을 들어 보았다
손이 볼그레해졌다

수십 년이 지난 오늘
나는 먼 타관의 이 강변에 앉아
고향의 강변을 생각한다
강물 속에 그 소녀가 나타났다가 사라졌다
그 소녀는 그때 모습 그대로다

이 나이에 내 얼굴이 왜 이리 달아오를까
그 소녀는 그대로인데 나는 왜 늙었을까

늙은 손이 어설프게 떨린다
손을 들어 보았다
손은 쪼글쪼글하고 손등에 검버섯이 피어 있다

강변에서 1

누가 부르지 않아도 강물은 천삼백 리를 흘러
드디어 여기 낙동강 하류까지 왔네
상처투성이의 강물이 숨을 몰아쉬고 있네
천삼백 리 오는 길에 무슨 일이 있었기에
강물은 저리도 만신창이가 되었는가

강물은 오면서 무엇을 보았던가
강물에 복사꽃은 왜 떠내려 오지 않는가
강물은 왜 봄을 지나고 여름이 와도 황톳물인가
새들이 강을 건너다 쉬어 가던 강섬은
어느 모래벌레가 다 파먹었는가

그래도 강변 버드나무엔 수많은 새소리가 달려
수만 개의 요령鐃鈴 소리 요란하니
죽어 떠나가는 강물의 요령잡이인가

유월 강변에 서서
산에서 내려와 길 잃은
뻐꾸기 울음소리를 듣는다

강변에서 2

이 강변에 지금
무슨 일이 일어나고 있는지 그대 아는가
저 마지막 남은 묵은 갈대는
몸을 흔들며 어떻게 눕는지
묵은 풀들은 어떻게 쓰러져
새싹들을 키워내는지
얼마 전까지 보이던 겨울 철새는
언제 어디로 날아갔는가

눈앞에 보이는 저 강물은
어제 여기 있던 강물은 아니네
바람이 거꾸로 불어도 강물은 흘러
어제 강물은 바다에 들어
지금은 강물이 아니라 바닷물
지금 불어오는 바람은
어제 바람이 아니고
하늘에 떠가는 구름은
전에 보던 그 어느 구름도 아니네

묵은 것들은 어떻게 가고
새것들은 어떻게 오는지
5월 강변에 서서
오래 묵은 내가
어떻게 가야 할지 배우네

강물 3

강물은 거부하지 않는다
산골짜기 작은 물도 받아들이고
작은 강도 받아들여 잘 어울린다
공장 폐수도 받아들이고
짐승의 배설물도 받아들이고
인간의 배설물도 받아들여
끝없는 길을 가면서 달랜다
그래서 모두 강물 된다

강물은 안다
어느 것이 가장 더러운가를
거짓말하는 동물
더러운 물을 만드는 동물의
배설물이 가장 더럽다는 것을,
그래서 강물은
거짓말하는 입과
더러운 물을 만드는 머리와 손을 미워한다

변하는 강물의 빛은

강물이 화내는 얼굴이다
강물이 흐르며 소리내는 것은
그 더러움을 욕하는 소리다
더러운놈들 빌어먹을놈들
빌어먹을놈들 더러운놈들
그때마다 강물에는 거품이 뜬다

채머리 할매

겨울 강변에는 채머리 할매들이 산다
그녀는 언제나 희끄무레한 머리를 흔든다
나는 그녀가 좋아 맨날 강변에 간다
나를 보면 반가워 손짓하는 것 같기도 하고
손을 내저어 싫다고 하는 것 같기도 하지만
그녀가 어떤 몸짓을 하든 그녀를 나 짝사랑하네

그녀도 시퍼런 젊은 시절은 있었다
곁에 있는 강물은 천년을 흘러도 젊은데
그녀는 한 계절에 다 늙어버렸다
사람들은 그녀를 슬픈 족속이라 부른다
그녀의 푸른 시절은 결코 그렇지 않았다

그녀의 채머리는 순전히 바람 탓이다
바람의 정도와 방향에 따라 흔드는 정도와 방향이 달라진다
바람 앞에 꿋꿋이 견딜 장사가 어디 있더냐
바람은 가끔 그녀의 가슴을 밟고 지나간다
그때마다 그녀는 묘한 소리를 낸다

그 소리는 그녀의 숨소리인지
바람 속에서 날숨 참았다 내쉬는 숨비소리인지 모른다
나는 그 묘한 소리를 그녀의 밀어라 한다
밀어는 密語든 蜜語든 상관없다
密語가 蜜語가 되기도 하고
蜜語가 密語가 되기도 하니까
밀어는 내 귀를 간지럽힌다
나는 그 밀어를 해독解讀하기를 좋아한다
해독은 내 마음대로다
될 수 있으면 나한테 유리한 쪽으로 해독한다

나도 한때 바람 때문에 흔들린 적 있다
그러나 그때 내가 낸 소리는
密語도 蜜語도 아닌, 다만 흐느낌에 불과했다
채머리 할매들의 밀어도 흐느낌인지도 모를 일

겨울 철새

A대학 B대학 C대학에 이력서를 냈다가
낙동강 오리알 신세가 된 적 있다

낙동강 하구 을숙도엔 겨울 철새가 수도 없이 날아와 갈대밭에서 가창오리 청둥오리들이 알을 똑 똑 떨어뜨린다는 것인데 그래서 생긴 말이 낙동강 오리알이라 했다던가

겨울 낙동강변에 앉아 생각하니 지금은 내가 오리알이 아니라 그 알이 부화孵化하여 겨울 철새가 되어 있는 것이다
눈앞에 낙동강 오리가 여유롭게 자맥질도 하며 떠다닌다 나는 물갈퀴가 없어 강물엔 들어갈 수 없으니 갈대밭 속에 들어가 낙동강 오리알이나 떨어뜨려 볼까

철새를 비아냥대는 그대
그대는 살면서 얼마나 한 곳에 뿌리내리고 살았는가
나도 한때 겨울철 낙동강 오리알이었다가
낙동강에 얼음 지피려는 이즈음

늙은 겨울 철새가 되어 이 강변에 앉았네

강변의 고목

젊을 때는 가슴에 빈 공간이 없었는데
늙어서 가슴을 비운 것은
누구나 드나들기 좋게 하기 위한 것

내가 불러들인 것도 아니고
너의 의지와도 상관없이
너는 내 가슴에 와서
지워지지 않는 무늬를 새기네

그때마다 가슴에 짜릿한 슬픔이 이네
네가 번번이 내 가슴을 찾아드는 걸
너는 알고 있는지
너무 오래 너무 깊이 파고들지는 말아라
적당한 자리에 쉬다 가되
내가 아파하도록 자취를 두지 말아라

강바람은 언제나 너처럼 찾아들었다 가고
강물은 나의 뿌리를 적시며 흘러가고
새들은 내 팔에 앉았다 가고

세월만 내 가슴을 자꾸 넓혀
수많은 네가 수시로 들락거리네

너의 가슴에도
내가 드나들 수 있는 빈자리가 있는지
매일같이 내가 찾아가지만
내가 갔던 자리가
너의 가슴인지 너의 바깥인지
나는 분간할 수 없네

오늘은 청승맞은 겨울비에 젖네

겨울강 1

겨울 강에 갔었네
겨울 철새에게 길을 내어주고
강물은 묵언수행默言修行 중이었네
묵은 갈대는 강가에 머리 풀어헤치고 서서
서러운 유서를 써서 강물에 띄우고
강가의 얼음은
버드나무 늘어진 손목 잡고 놓아주지 않았네

나는 편두통이 더욱 익어가고
겨울바람이 내 앞가슴 옷섶을 헤집고
마지막 모닥불을 돌보는데
그리움 내려앉은
먼 호수에 내리는 눈은
이 강엔 내리지 않고
봄이 되어 그 호수물이 녹아내려도
이 강으론 흘러들지 않으리

천리를 흘러와도 말이 없는
한쪽으로만 흐르는 그리움

겨울강 2

신혼시절 처갓집 갈 때
새색시 등에 업고
신발 벗고 건너던
살얼음 지핀
겨울강

이제 등허리 휘어 꼬부라진
성성한 백발에
장인 장모 다 강 건너가고
처갓집 없어
건널 필요 없는
아직도 젊은
겨울강

다대포의 사랑

정분난 바다와 강이 만나
한 바탕 거대한 사랑이 펼쳐지는 곳
홀랑 벗은 바닷물은 강을 향해 팔 벌리고
홀랑 벗은 강물은 바다 품에 안기어 뒹구는
다대포의 에로티시즘
석양은 언제나
충혈된 눈으로 이 사랑을 바라보는데
사랑의 구도가 눈이 시려
구름 장막 사이로
한쪽 눈 감고 실눈 뜨고 빼꼼히 본다
낙동강 하구의 모래섬은
바다와 강의 자식

사랑하는 사람아
우리 다대포에서
해질녘에 만나자

2부

장마전선

내 몸 어딘가에
퇴행성 척추 같은
등 굽은 장마전선이 걸쳐 있어
시리고 지리고 아프고 쑤시고
허파에 바람 들어 가슴 열어 바람 빼고……
이 모두가
내 몸에 걸쳐 있는
찔레나무 넝쿨 같은 장마전선이
내 몸 구석구석 오르내리며 찔러보는 것이리
또 언제부터인가 마음 구석구석까지
고독과 그리움과 허무를 슬어 놓고
그 알들이 껍질 깨고 나와 자라서
가슴을 온통 밀림지대로 만들고……
이런 것들은 또
심장께에 걸쳐 있는
칡넝쿨 같은 장마전선이
눅눅한 생을 반죽하고 있는 것이리
기상청 장마전선은 물러갔는데
내 몸의 장마전선은 언제 떠나려나

오월 밥상

우리 구차한 시절 언제 이밥 한번 배불리 먹어 봤오

5월 밥상엔 여보, 이팝나무 닮은 하얀 이밥에 불콩 다문다문 넣은 밥을 올려 놓으오 밥은 약간 눅눅한 것이 좋겠오 사랑도 눅눅하지 않소

된장찌개에는 햇감자 나오거든 깍둑깍둑 좀 베어 넣고 멸치 몇 마리만 넣어 주소 인공조미료는 넣지 말고 그리움을 넉넉하게 풀어 조미하는 게 좋겠오 요즘은 애호박도 일찍 나오니 애호박을 넣어도 좋겠구려

간장은 조선간장이라야 하오 왜간장은 절대 금물이오 집에서 담근 조선간장에 깨소금 조금 치면 좋겠오

산에서 뜯어온 산나물이 있거든 살짝 데쳐 무칠 때, 어머니 손이라도 한번 만지고 와서, 비닐장갑은 끼지 말고 맨손으로 조물락조물락 된장으로 무쳐보오 어머니 손맛이 베어날지 아오

성당 모퉁이에 신문지 깔고 앉아 나물 둬 가지 놓고 파는, 텃밭 가꾸느라 햇빛이 맨날 얼굴 쓰다듬어 까무잡잡한, 허리 굽은 할머니한테 가서 산자락에 손수 일군 텃밭에서 가꾼 나풀나풀 청나비 날개 같은 상치나 좀 사다 밥상에 올려 놓구려 상추보다 상치가 더 맛있

다오 그리고 내 밥상엔 커다란 비빔툭시바리나 하나 올려 놓으소

밥상 차려 놓고 당신 물리치료 가구려

밥상 덮는 밥부재미는 지추리 삼베 밥부재미도 좋지만 석 새 삼베 밥부재미에 작고 빨간 5월 패랭이꽃 어설픈 수 하나 찍어 붙인 것이면 더욱 좋겠오 그 밥부재미엔 고향 냄새가 나거든요

여보, 또 하나 잊었오 밥상머리 하얀 빈 접시 하나 올려놓고 추억도 한 줌 담아 두구려 내 외출에서 돌아와 밥 먹으며 추억도 함께 씹을 것이오

내 그 밥상 열 때 뒷산에 갓 깨어난 5월 뻐꾸기 뻐꾹 뻐꾹 울었으면 좋겠고 산꿩의 울음소리도 뒷산 숲속을 굴러 내려왔으면 좋겠오

야간열차를 타고

기차 타고 어둠을 뚫고 우주여행 간다
저 어둠의 끝에 있는 불빛들은 어느 행성들이냐
우주의 남쪽으로 달리고 있으니
남십자성은 어느 것이냐
지금 가고 있는 이 허공은 어디쯤 되느냐
금성 가까이냐 목성 가까이냐

지구에서 정월 대보름이라는 오늘
달이 저렇게 큰 걸 보니 달나라에 가까이 왔나 보다
눈꺼풀 걷어 올리고 밖을 내다보며
허공을 날아가는 내 우주선의 행방을 짐작한다

잠깐 우주열차가 선 이곳 불빛 환한 걸 보면
어느 행성에 있는 우주 정거장인가 보다
열차는 다시 출발하여 검은 허공을 달린다
이 길 계속 가면
아버지 어머니가 계시는 곳으로 갈 수 있을까
아내가 기다리고 아이들이 잠든
내 집이 있는 지구라는 행성에 갈 수 있을까

드디어 우주열차가 서고
열차가 나를 어둠 밖으로 토해낸다
'구포'라는 표지판이 보인다
그렇지, 내가 사는 행성이 '지구'였고
지구의 한 모서리 대한민국 부산이었지
새벽바람이 나를 후려친다

걸어다니는 나무

고향에 몇 백 년 묵은 느티나무 사라지더니
몇 천리 걸어와 내 가슴에 들었다
그때부터 내 가슴 속에 나무 하나 키운다
나무가 나보다 나이가 많으니
나무가 나를 키운다고 보는 것이 옳을 것이다
나무가 바람을 먹어
나이테를 다 파버리고 속이 텅 비었다
속 빈 나무처럼 내 속도 비우고 있는 중이다
내 속 비운 자리엔
지나간 바람들이 발자국을 남긴다
때로 나무는 내 가슴에서 나와
고향을 다녀오기도 하고
고향 소식을 가져 오기도 한다
그럴 때 나는 또 고향으로 가서
느티나무 섰던 빈자리에 나무를 세워 놓고 오지만
집에 와서 보면 어느새 내 가슴 속에 와서 흔든다
그때마다 나는 텅 빈 마른 느티나무를
돌로 쿵쿵 울리고 있다
나무가 비어 있는 내 가슴을

울리고 있는지도 모른다
내 가슴에 느티나무 북소리가 들린다
아이들이 창가唱歌를 한다

그리움도 자란다

삭정이가 된 가지들
세월 따라 무너져 내린 고향 느티나무는
그리움을 채우기 위해 속을 비워 갔다

강물은 또 내려갈수록
그리움을 더하여 몸집을 불려
그리움이 출렁거리는 바다에 든다

밤이 깊고 어두울수록
숨었던 별들도 그리움 때문에 얼굴 내밀고
희미한 별들도 더 반짝인다

나무가 자라나듯이
아이들이 커가듯이
그리움도 자란다
세월 가면 잊혀진다 말하지 마라
그리움은 망각 속에서도 자라나
어느 날 불쑥 내민다

사람이 죽어도 그리움은 살아남는다
그리움은 그리움을 먹고 산다

비문증飛蚊症 2

모기 몇 마리 항상 내 눈 앞에서 날며 내 눈을 들여다 본다
처음은 하루살이이더니 내 눈을 파먹고 자라서 큰 모기가 되었다
저것이 내 눈을 더 파먹으면 독수리가 되리라
눈을 돌리면 저도 따라 돌아가며 내 눈을 노린다
모기를 내 눈 앞에서 쫓아버리려고 숲 속으로 갔다
눈을 감고 눈앞을 손바닥으로 털어내었다
드디어 모기가 없어졌다
돌아오는 길에 파란 하늘을 쳐다보았다
모기는 어느새 또 나를 따라오고 있었다
저 모기가 끝내 내 눈을 다 파먹고
내 눈앞을 새까맣게 덮는 장자莊子의 대붕大鵬이 될까
내 가슴에도 털어내지 못한 모기가 들어 있다
어디를 가도 내 심장을 엿보는 모기
이제 털어내고 싶다
가슴의 비문증도

가슴 없는 사람

아내가 MRI 사진을 찍는다기에 병원에 따라갔다가 병원 복도에 세워둔 '연인'이란 제목의 조각 작품 하나를 보았다 남녀가 서 있는데 여인상은 가슴이 볼록하나 남자상은 가슴이 뻥 뚫려 가슴 없는 상이다 무슨 의미인지는 모르나 연인 사이이니 볼록한 여자 가슴을 뻥 뚫린 남자 가슴에 채우라는 뜻일까 아니면 남자는 가슴 없이 여자를 사랑하라는 뜻일까

조금 있다가 의사한테 불려가 아내의 머리 MRI 사진을 보았는데 토막 난 해골을 보고 의사는 나이 들어 해골이 좀 수축되어 골이 좀 비었단다 그러면 그렇지, 골이 비었으니 헛소리도 가끔 하는 것이겠지 골이 빌 것이 아니라 '연인' 조각 작품처럼 가슴을 좀 비우고 살면 좋으련만

사람은 얼마를 비워야 저렇게 가슴이 바람도 통과하는 허공이 될까

통증

대상포진帶狀疱疹이라 했다
옆구리에 초사흘 달같이 생긴 작은 피부질환
가슴의 갈비뼈를 누가 뜯어먹고 있는 것일까
배의 속살을 누가 날카로운 쇠붙이로 긁어내고 있는 것일까
옆구리뼈를 누가 흔들고 있는 것일까

어릴 적 앓았던 수두 바이러스가 몇 십 년 잠재해 있다가 생긴 것이라 했다
이 통증도 내가 과거에 아파야 했는데 덜 아프고 넘어간 것이거나 누구의 통증을 느껴야 했는데 미처 느끼지 못한 것들이 내 몸 어딘가에 몇 십 년 잠재해 있다가 나타나는 것이거나 또 누구에게 전해 받은 것이리라
아버지 어머니가 돌아가실 때의 통증이거나
6.25때 피란 보따리 걸머지고 할머니는 두고 포성이 들리는 집을 떠날 때의 통증이거나
동생이 엄청난 병에 걸려 있다가 사고로 죽어갈 때의 통증이거나

일제강점기 때 아버지가 공출을 내지 못해 면사무소의 박 서기한테 따귀 맞는 모습을 보았을 때의 통증이거나

나로 인해 흘리는 아버지 어머니의 눈물을 보았을 때의 통증이거나

그런 것들이 몸 어느 구석에 뿌리를 내리고 있다가 이제 하나씩 나타나는 것이리라

아직도 내 몸 어딘가엔 나타나지 않은 통증이 숨어 있어

남은 세월 동안 하나씩 꺼내 보이는 것

얼마나 아파야 숨겨 놓은 통증 다 파내고

불꽃 활활 타는 곳으로 걸어 들어갈까

그 많은 새들은 어디서 죽는가

나무에 앉은 새
허공을 나는 새
물 위에 떠있는 새
숲 속에서 우는 새
날마다 수많은 새들을 보는데
죽은 새를 보는 일은 쉽지 않으니
그 많은 새들은
죽을 때 어디 가서 어떻게 죽는가
아무도 보지 못하는 곳에 가서 죽고
죽어서 다른 것들의 먹이가 되고
아무도 모르게 저절로 사라지는가
사라져 모두 흙이 되는가 나무가 되는가

왜 사람들은 죽을 때 처자식 불러놓고 죽는가
원래 무無에서 태어나
평생 많은 식물의 열매와 짐승의 고기로
몸 굵히며 키우고 살았거늘

나도 새처럼

갈 때는 아무도 모르는 데 들어 안락사安樂死하고
그들에게 내 몸 돌려주고 싶다
조장鳥葬 수장獸葬 풍장風葬 임장林葬 멸장滅葬이면 좋으리
새가 쪼아 먹고 난 후 짐승이 뜯어먹고 바람도 밟고 기고 숲도 먹어
마지막으로 완전 소멸하는 장례

아름다운 주검

봄비 부슬거리는 날
병원 갔다가 약봉지 들고 들어서는 아파트 현관 유리문 앞에서
아름다운 새의 주검을 본다
새는 아파트 유리문을 허공이라 생각하고 통과하려다 부딪혀 추락한 듯
허공은 가끔 허공이 아닐 때도 있는 법이어서
허공을 날다 나도 저렇게 추락한 적 있다
작고 아름다운 고운 날개
떨어져 누운 목련 꽃잎이다
나뭇가지 사이 폴폴 날아 건너다니고
꽃잎을 물고 노래도 하던 아름다운 새
잠시 죽은 새의 몸에서 새소리 나고
새의 아름다운 날갯짓이 눈앞에 어른거린다
옆에 선 매화가 하얗게 웃고
산수유 꽃이 노랗게 웃는다

주검이 저렇게 아름답다면
내 열 번이라도 죽겠네

부슬거리는 봄비 속에
약봉지 들고 오던 날
봄비에 젖는 아름다운 새의 애잔한 주검을 본다

골목길

쪽방촌 골목길 가다보면
골목길은 언제나 막다른 골목이거나
가난한 남의 집으로 든다
골목길 빠져나가려면
몇 번씩 되돌아 나왔다가 다시 찾아들곤 해야 한다

그 좁은 골목이 있는 쪽방촌엔
방문 열면 골목인 집
신 벗어 들고 방에 들어가는 집들이다
그래도 플라스틱 화분에 봉선화나 국화 심고
고추나 상추도 심은
스티로폼 박스나 옹기 화분 두어 개 내놓는 집들

내 생의 골목길에 들어선 후
몇 번이나 되돌아 나왔던가
그러나 아직도 나는
골목길을 헤매고 있다
세상은 넓다지만
우리네 가는 길은 골목일 뿐이다

분갈이

여러 줄기가 난 관음죽 화분에서
언제부턴가 한 줄기씩 죽기 시작했다
분갈이를 해 살려 보려고
화분을 엎고 흙을 털어내고
죽은 줄기를 분리해 내려 하는데
뿌리들이 좁은 화분 안에서 얼마나
서로 몸을 얽었는지
팽팽히 잡고 있는 뿌리들이 안쓰러웠다
할 수 없이 전정가위로 죽은 뿌리를 끊어내고 말았는데

이제 영원히 서로 손 놓고 떠날 뿌리들
끊겨서까지 떨어지지 않으려고 서로 꽉 잡고 있는 뿌리들 억지로 갈라놓고 나니
죽은 뿌리에서도 살아있는 뿌리에서도
선혈이 낭자하다
피눈물이 뚝뚝 떨어진다
아, 얼마나 단단한 인연인가

한겨울 중이 되겠네

한겨울 깊은 산골 어느 암자에 들어가 갇히고 싶네

어렵게 산길 기어올라 작은 절집에 들면
스님이 내어놓는 국화차 마시며 한겨울을 구걸하겠네
스님에게 가사袈裟 한 벌 빌려 입고 한겨울 중이 되겠네
예불에도 잘 참석하지 않는 게으른 땡땡이 중
절집 공양이나 축내며 스님의 눈치 보며 살겠네
바깥세상으로 통하는 길은 눈이 와서 뚫리지 않아
나고 싶어도 나지 못하는 암자에 들어
한겨울만 게으른 중이 되겠네
아침이면 눈 덮인 마당에 찍고 간 짐승의 발자국을 쓸고
누가 올지도 모를 절집 앞길도 한참 내겠네
낮이면 벼루에 먹을 갈아 설죽雪竹 치고 설매雪梅 그리다
누군가를 기다려 방문 앞에 나와 산 밑을 내다보겠네
그럴 리야 없겠지만
어느 날 문득 내가 배신 때린 여자 찾아온다면
그녀에게 짐짓 방 내어주고

나는 스님 방에 가서 밤새도록 스님 코고는 소리 듣겠네
그러다가 매향梅香 번지고 눈이 녹아 산길 질척일 때쯤
빌려 입은 가사 훌쩍 벗어 던지고 산에서 내려와
아랫동네 미리 보아둔 빈집 찾아들어 군불 지피고
나 그 여자와 살림 차리겠네

보들보들

어머니는 젊었을 적에
거칠거칠한 석 새 베옷
거칠거칠한 석 새 삼베옷만 입으셨고
거칠거칠한 보리밥에
거칠거칠한 산나물
거칠거칠한 반찬만 잡수셨지

나이 들어 살갗이 거칠거칠해지면서는
거칠거칠하고 울퉁불퉁한 당신 인생과는 어울리지 않게
보들보들한 것을 좋아하셨지
보들보들한 옷
보들보들한 이부자리
보들보들한 이밥
보들보들한 반찬

어머니를 닮아서인지
나도 이젠 보들보들한 것을 좋아하네
밥도 보들보들

반찬도 보들보들
야채도 보들보들
옷도 보들보들
이부자리도 보들보들

인생이야 어디 보들보들한 것이 있더냐
언제나 거칠거칠하고 울퉁불퉁했지
이젠 좀
성질도 보들보들
사랑도 보들보들
인생도 보들보들 했으면 좋겠네
구름처럼 솜처럼
봄 햇살처럼 봄바람처럼
보들보들 보들보들

복숭아밭에서

발간 해의 얼굴들이 옹기종기 나무에 매달려 있는데
상처 난 것들은 나무를 잡고 오래 버티지 못해
잡은 나뭇가지를 놓고 땅에 내려와 편안히 앉았는데
땅에 내려앉은 붉은 것들은 어딘가 몸이 곪아 있는데
곪은 것들이 맛은 더 있는 법

옛날엔 상처 난 것들 속엔 벌레가 있었는데
미인이 되려면 캄캄한 밤에 복숭아를 먹으랬다
벌레를 먹어야 미인이 되기 때문이란다
복숭아 속에 있는 벌레도 복숭아를 먹어
물렁한 복숭아처럼 복숭아 맛이었는데
지금은 복숭아도 회충약을 먹어 벌레가 없다
주전부리할 것이 별로 없던 시절에
밤이면 벌레 먹은 복숭아를 죽어라 먹어대던 자야는
너무 예뻐 육이오 때 양공주가 되었는데
복숭아 빛과는 거리가 먼 검은 아이를 낳았것다

3부

가을 문경새재

이 계절 문경 새재엔
새 소리 들리지 않고
단풍 붉은 소리만 왁자하다
청운의 뜻을 품고 넘던 고개
청운이 심장빛이 될 수도 있으리니
굳이 청운만을 고집하거든
가을엔 새재를 넘지 마라
가슴도 붉게 타버리는 곳
2관문쯤 따라온 여인도
옷소매 놓고
피눈물로 펑펑 울었으리
저 붉은 울음에 오늘은
내가 울컥 눈물이 난다
따지고 보면
아름다운 것들은 다 슬프다

아우라지 연가

송천과 골지천이 아우러지는 곳
사람도 아우러지려고
먼먼 길 달려온 아우라지 나그네
고추대궁 태우는 불꽃이 시린 아침
아우라지 처녀의 다리가 싸느럽다
섶다리 건너는 저 여인아
여량 처자 가구미 총각
아직도 돌아오지 않았더냐
강물은 말없이 어우러졌는데
나룻배 하나 강변에 걸려 서럽다
그 시절 사연은 흘러만 가고
공연히 한 많은 노랫가락에 애간장 녹는다

'아우라지 뱃사공아 배 좀 건너 주게
싸릿골 올동박이 다 떨어진다
떨어진 동박은 낙엽에나 쌓이지
사시장철 임 그리워 나는 못 살겠네'*

누가 알리오 그 옛날 서러운 사랑을,

가구미 마을에 아침 연기 피어오르고
아우라지 강에 걸린 나룻배엔
처녀 총각은 싣지 않고 아침 햇살만 실린다

*정선 아리랑 애정편

미로迷路

제주도 김녕미로공원에 갔었지
미로에 들어서면서 누가 먼저 출구를 찾아 나가나 시합을 했지
맨 먼저 막내딸이 출구를 나가 종을 울리고
시집간 딸 부부가 나가 종을 울리고
초등학교 다니는 외손자 외손녀가 종을 울렸는데
우리 노부부는 미로를 찾아 나가지 못해 헤매고 있었네
돌아도 돌아도 갔던 길을 또 돌고
걸어도 걸어도 비슷한 길을 가게 되고
보다 못해 먼저 나간 막내가 다시 미로에 들어 우리를 데리고 나갔지
땀을 뻘뻘 흘리며 미로를 헤매다 이끌려 나온 우리 노부부는
계면쩍어 종도 한번 못 울렸네
만약 그대로 두었더라면 밤새도록 길을 헤매다 쓰러졌으리

따지고 보면 인생길도 미로였네 출구를 찾지 못한,

한 평생 같은 길을 돌고 돌았네
그 길 돌다가 출구를 탈출하는 종 한번 울려보지 못한 채
미로 중간에 아직도 주저앉아 살고 있네

미로의 출구는 도대체 어디일까
나는 왜 미로의 출구를 못 찾을까
미로의 출구를 찾는 날
나도 신나게 종을 울릴 수 있을까

바닷가 우체통

간절곶 바닷가 소망우체통엔
바닷물이 들어와 출렁인다

나를 두고 떠나버린
애인에게 보내는 시린 원망
남편이나 아내를 먼저 보낸
청상과부나 홀아비의 슬픈 넋두리
하늘나라로 가버린 어머니 아버지께
불효자가 보내는 회한의 정
먼저 간 형제자매에게 보내는
비원의 슬픔들이
모두 눈물로 발효되어
바닷물로 출렁인다

박제상의 아내가 박제상을 기다리는
천년 묵은 간절한 그리움은
5미터 높이의 우체통에도
다 담을 수 없어
따로 나와 섰다

우리나라에서 가장 먼저 해가 뜨는 이유는
이 서러운 우체통이 아침마다
발효 중인 그리움을 안고
먼 수평선을 보고 있기 때문이다
해풍이 우체통의 어깨를 치고 갈 때마다
그리움을 걸러내지 못하는 죄스러움에
우체통은 공허한 슬픔에 장승처럼 서럽다

그리움이 간절한 곳
간절곶 바닷가 소망우체통은
그리움을 먹고 산다

여차*의 밤바다

소매물도를 안고 찾아 든 여차마을
해변 몽돌밭에 앉아 파도 한 자락 건지려고
손을 넣어 파도를 잡았더니
손가락 사이로 파도는 빠져 나가고
어둠만 한 자락 걸려왔다
밀려오고 밀려가는 물결 따라
굴러오고 굴러가는 몽돌
바위가 얼마나 많은 세월을 굴러야
저렇게 몽돌이 될까
이 세상 속에서 나는
얼마나 더 굴러야 몽돌이 될까
몽돌 구르는 소리와 파도 소리가 버물리어
몽돌 소리 찾으려면 파도소리를 지워야 하고
파도소리 들으려면 몽돌 소리 지워야 하는데
밤새도록 두 가지 소리를 분간하지 못해
민박집에 들어가 바닷가 창문을 열고
귀만 내밀었다

*여차 : 경남 거제시 남부면 다포리 해변마을

도화桃花를 탐하다

오십천이 내려다보이는 강원도 영덕 산비알
도원옥에서 웃음 파는
도화라는 기녀를 탐했네
맛깔스런 분홍빛 훔치려고 입술을 들이댔더니
수밀도 향기가 풍겼네
도화는 더욱 볼그족족히 달아 헤픈 웃음 날렸네
사내란 본래 헤픈 웃음인 줄 알면서도
어쩔 수 없이 빠져드는 것
고향 냄새 함께 풍기는 봄날
도원옥 길거리를 서성이는 늙은 사내들이
도화의 분홍색 속곳 들여다 본 듯
공연히 히죽히죽 웃고 있네
풍력발전소의 팔랑개비가
동해의 해풍을 몰아 여기까지 불어와
수많은 도화년들이 바람나
내 가슴뼈를 비집고 드네
굽이도는 오십천 물이 도화빛이네

용궁 간이역*

용궁에 문이 없고 기찻길만 있어
무궁화 열차 타고 나 용궁에 왔다
용왕도 용신들도 용궁을 비운 곳
심청이도 다녀가고
토끼도 자라 등에 업혀 다녀간 곳
영원히 합쳐지지 않는 기찻길에도
바람과 기차가 머물렀다 가는 곳

살다가 지칠 때
한번쯤 회오리바람이라도 만날 때
안고 사는 무게 내려놓고 싶을 때
지금은 용왕도 없고
자라와 문어와 가자미도 없는 그 곳
용궁 간이역에 가보라
다 떠나고 그래도 바람 머무는 곳
철로 옆에 새빨간 천일홍처럼
한 천일 살고 싶은 곳
속세에서 만난 인연들 다 내려놓고 왔다 해도
누군가 역두에서 가을바람에 지치도록

나를 기다릴 것 같은 곳

타고 온 기차는 가뭇없이 떠나고
나 홀로 역두에 달랑 남았음을 깨달을 때
소슬바람이 내 어깨를 치고 갈 때
하룻밤 의탁할 곳을 생각할 때
나는 누구인가 되돌아보게 될지니

*용궁 간이역 : 경북 예천군 용궁면 경북선의 간이역

머리 없는 석불

경주박물관 앞 야외전시장엔 머리 없는 돌부처가 여럿 앉아 계신다
목을 자른 것은 조선시대 선비들이라고도 하고 일제 때 일본놈들의 소행이라고도 하고 기독교인들의 소행이라는 설도 있다

목이 없으니 머리도 없고 코도 없고 눈도 없고 귀도 없다
머리가 없으니 생각을 할 수 없고 코가 없으니 냄새도 맡을 수 없고 눈이 없으니 볼 수도 없고 귀가 없으니 들을 수도 없고 입이 없으니 말을 할 수도 없다

그러나 그 돌부처들 다시 살아나 경주박물관에 와 앉아 계신다
머리가 없지만 가슴으로 생각하고 코가 없지만 가슴으로 냄새 맡고 눈이 없지만 가슴으로 보고 귀가 없지만 가슴으로 듣고 입이 없지만 가슴으로 말하고 살고 있다
모르긴 해도 목이 잘려 나갔지만 몇 천 년은 끄떡없

이 살아갈 것이다

세상에는 머리가 있어도 생각하지 못하고 코가 있어도 냄새도 못 맡고 귀가 있어도 듣지 못하고 입이 있어도 옳은 말 안하는 자들이

얼마나 많은가

정령치 가는 길

시신屍身 없이 쓴 묘
혼을 불러 흙 속에 묻었다는
춘향묘春香墓에 눈길 주고

구불구불
아홉 마리 용의 등을 타고
고개에 오르다가
산의 정액精液에 젖는다

하늘 가까운 고개엔
어젯밤 별들이 주르르 떨어져
구절초로 앉았는데
지리산 시인 이원규가 앉아 시를 읊고 있다

'굳이 지리산에 오고 싶다면
언제 어느 곳이든 아무렇게나 오시라'*했는데
멀리 지리산 연봉을 보려니
차를 타고 올라온 너는
지리산을 볼 자격이 없다는 듯

흰 안개 스멀스멀 기어올라
연봉을 슬쩍 가려버린다

울적한 마음 둘 곳 없어
올라온 길 내려다보니
날 닮은 억새풀만
안개 속에 흐느적거린다

*이원규 시인의 시 '행여 지리산에 오시려거든' 중에서

계림에 서다

서러운 봄눈
눈물로 녹아내릴 때
새도 울음 그친
계림에 서다
알閼자字 지智자字 시조님은
어느 나무에서 내려왔을까 생각하다가
그 시대 나무가 남아 있을 리 없다 생각하다가
그 시대의 무엇이 지금 남아 있는가 생각하다가
내물왕릉이 저기 남아 있구나 생각하다가
그 속에 뼈 몇 조각은 남아 있을까 생각하다가
조금 전에 본 천마총 안에
뼛조각 하나 남아 있지 않고
쇠붙이만 남아 있던 것을 생각했다
다시 한 천 년 흐른 뒤
나의 무엇이 남아 있을까
묻힐 때 금으로 된 갑옷이나 하나 감고 묻혀 볼까
에라, 말아라
천 년 뒤에 사라지나
죽어 바로 사라지나 마찬가지

운문사 심우도尋牛圖

소를 찾아 운문사에 들다
산문은 열려 있어도
소의 발자국은 없고
발자국이 없으니
소꼬리도 보이지 않아
어디 가서 소를 찾을까
운문사 부처님은
본성을 어디에 감추어
겹겹이 구름으로 가리었는가

호거산 운문雲門은 구름이 드나드는 문
구름은 그리움처럼
가까이 가면 보이지 않고
멀리서 보면 흰 구름이라
동자승이 찾은 깨달음이나
구름은 실체가 없으니 다 같이 공空이로다
공연히 마음 속 검은 구름만 안고 돌아온다

벌교 꼬막

벌교에 가서 꼬막을 먹어 봐야 한다기에
이념의 상처가 잠자는 소화교 다리 옆 술집에 들어가
꼬막 한 접시 놓고 소주를 마신다

꼬막은 단단한 각질 속에 속살을 감추고 있어
속살 파먹는데 여간 힘드는 것이 아니었다
꼬막 까는 방법을 몰라 주인아주머니한테 물었더니
꼬막 똥꼬에 젓가락을 대고 손가락으로 누르며 비틀어야 열린다는 것이다
몇 번 연습을 해봐도 꼬막은 똥꼬를 얼마나 단단히 다물고 있는지
잡고 비트는 내 손가락만 아팠다
자기 속살을 내어 놓는 일인데 쉽게야 열겠는가

어디 꼬막뿐이랴
몸도 마음도 열려야 속살 맛볼 수 있는 법
옹다물고 열지 않는 것은 다 자기 속살을 지키기 위한 것이지
속살 내준 뒤에야 쓸모없는 껍데기만 남는 것

그래서 모든 벌어지는 것들은 다 힘주어 닫고 있는 법이지
한번 벌리고 나면 쓸개까지 빼줘야 하는 법이니
될 수 있으면 몸도 마음도 똥꼬도 꼭 다물고 있어야 속살을 잃지 않으리라

이념의 속살 파먹으려고
그 시절 소화교 다리 아래서는
벌교 꼬막 똥고에 젓가락 들이대듯이
밤마다 총칼을 이념의 똥꼬에 들이대고 있었던 것이렷다

그러나 벌교 꼬막을 여는데 힘만으로는 되는 것이 아니어서
거기에는 요령이 필요한 것이었다

뱀사골의 전설

세월 가도
그날의 울음 아직도 흐르고
슬픔은 지리산 속살에 숨어 있다
이념의 깃발은 간 데 없고
이념이 살던 석실石室엔 푸른 이끼가
짓무르는 어미 눈에
눈물 같은 눈물 흐르고 있다
웅덩이마다 시퍼런 세월
묵은 상흔이 전설로 솟아난다
뱀이 죽어 뱀사골인데
죽은 독사는 어디로 갔는가
누구를 위한 추모탑인가
누구를 위한 기념관인가
기념관에 전시된 낡은 이념
총부리 맞대던 충혈된 눈망울
또다시 세월 한참 흐른 뒤엔 어떻게 남을까
여름 바람 한 자락에 숨 가쁜 세월
못다한 함성이 바윗구멍에서 헐떡인다
반야봉은 또 다른 전설을 쓰고 있다

영암사지

경남 합천군 가회면 둔내리
황매산 남쪽 기슭 영암사지에 가면
두 마리 사자가 배를 맞대고
석등을 이고 천년을 살고 있다
불 밝혀 줄 부처님도
부처님 앉았던 연꽃자리도
지금은 간데없고
부처님 살던 집 주춧돌만
한없는 세월 기다린다
부처님 오르내리던 돌계단
푸른 돌이끼로 세월 그려놓고
그 앞에 삼층석탑이 혼자 멋쩍다
절터 양쪽 돌 거북은
지고 있던 돌비석 내려놓아
등이 가벼워 어디로 떠나갈 만한데
저렇게 기다리고 있음은
돌아올 비석을 기다림인가
부처님은 비석 들고 어디로 나들이 가서
세월처럼 돌아올 줄 모르는가

공룡 발자국

중생대 백아기 공룡이 뒤뚱뒤뚱 걸어온다
인간은 없고 다른 짐승과 공룡만 그 늪에 살았다
나도 그때 공룡 중에 마이아사우르스였다

풀과 열매를 따먹으며 살았다
온 몸이 각질로 덮여 있었고
돈 벌려고 애쓰지도 않았고 살기 위해 눈치 보지도 않았다
나는 괴상한 소리로 공룡들과 의사소통을 했다
나는 꽃과 새를 사랑했고 또 무언인가를 사랑했다
나는 몹시 외로움을 탔고 누군가를 그리워했다
나는 주로 서로 닮은 공룡과 어울려 놀았다
때로는 큰 공룡인 디플로도쿠스가 나를 등에 태우고
경북 의성에서 남해안까지 늪지대를 단숨에 달리기도 하고
넓은 호수를 헤엄쳐 다니기도 했다
공룡의 등에서 떨어지지 않으려고 애를 쓰면서도 재미 있었다
그때 우리는 물렁 바위를 걷다가 발자국을 남겼다

일억 오천만 년 후에
나는 인간이란 작고 교활한 짐승으로 환생하여 그때 남긴 내 발자국을 본다
그때가 그리워 발자국엔 눈물이 고이고
바다는 또 저렇게 운다

거제도 포로수용소

휴전선에 휴전이 없는 것처럼
거제 포로수용소에도 평화는 없었다

이념의 깃발을 달고 맞댄 죽창과 죽창은
여름 햇살처럼 날카롭고
팔뚝 걷어붙이고 치켜든 곡괭이
휘두르는 낫의 칼날에
하늘이 시퍼렇다

유치원 어린이들이
손에 손 잡고 칼날 밑을 걷다가
미군이 타다 멈춰선 지프차 운전석에 앉아
기념사진 박는다
새파란 유치원 선생이
죽창과 곡괭이와 낫에 대해 설명한다

저 아이들이 죽창의 의미를 알까
아이들의 아버지의 아버지의 아버지가
겪었을 세월

4부

묶는다는 것

아버지는 짐을 잘 묶는다고 동네에 소문이 났다
일제강점기 공출 낼 때 볏가마니 묶는 일로 아버지는 마을에 불려 다니셨다
아들녀석 객지로 공부하러 갈 때 부치는 짐도
부자父子의 인연만큼이나 단단히 묶었지만
부쳐온 짐을 내가 풀 때는 한 가닥만 잡아당기면 풀어지도록 했다

그러나 정작, 당신의 생에 얽힌 묶임과 매듭은 끝내 풀지 않고 가신 아버지

아버지가 돌아가셔서 시신을 묶는 일은
그렇게 짐 잘 묶는 당신이 하지 않고
다른 사람에게 몸을 내어주고 아무 말 없이 맡겨 두었었다
짐은 단단히 묶는 일도 중요하지만 풀 때 쉽게 풀 수 있도록 해야 하는데
우리 아버지를 묶은 매듭
저승에 가서 쉬 풀었는지 모르겠다

아버지의 안경집

연장이 들어있는 서랍 속에서 아버지 안경집 하나를 발견했다 순하디 순한 빈 안경집이 그동안 망치, 집게, 드라이버, 장도리, 송곳, 못 따위 우락부락하고 뾰족한 쇠붙이 사이에서 얼마나 찔리고 두드려 맞으며 지냈을까 마음이 알싸해 온다

생을 흑막 속에 가둔 아버지, 화석이 된 아버지 생과 같은 돌덩이가 뱃속에서 점점 자랄 때 육신은 점점 여위어 가면서도 당신 지나온 생을 끝내 풀어놓지 않으신 아버지, 돼지고기 고추장에 발라 구워먹고 싶다고 하시던 아버지, 그러나 구운 돼지고기 한 점 드시고 속으로부터 말도 문자도 없는, 그 몇 십 배를 토해내신 아버지, 아버지 머리맡에서 자식은 돼지고기 눈물 발라 구워먹으며 아버지의 고난으로 살찐 생을 씹었었지

안경집을 여니 안경은 없고 아버지의 생이 아버지 내장에서 나온 구토물처럼 와르르 쏟아졌다 그것들은 모두 붉은 눈물이었고 눈물로 인해 드디어 내 방이 홍수가 진 고향 강물이 되었고 내가 그 강물에 둥둥 떠서

허우적대고 ……

한참 후에 고향의 앞뒤 산이 강물을 막아서고 속 빈 고향 느티나무가 방안의 물을 단숨에 퍼내어 소용돌이치는 강물을 잠재울 수 있었다

안경집은 나의 해골처럼 텅 비어 있다

서낭당 마달밭

서낭당 마달밭*에는 아버지의 발바닥 구덕살*이 박혀 있다
아니다
아버지의 발바닥에 그 마달밭이 붙어 있었다
아버지 발바닥에 구덕살로 박힌 마달밭
차츰 기어올라
몸의 중심부인 위장 속에 자리잡았다

위장 속 마달밭은 점점 커지더니
몹시 가물어 마달밭 고추대궁이 붉게 타들어가던 여름
아버지는 물 한 모금 못 마시고 돌아가셨다
아버지 시신은 고추밭 귀퉁이에 선
가뭄에 말라 버린 수숫대 같이 메말라 있었다

지금 그 마달밭 자리엔 사슴농장이 들어서 있다
어머니는 이 도시에 살면서도
밤마다 거기 사슴 되어 축축한 세월을 보낸다
어머니의 숨소리는 사슴의 숨소리를 닮았다
뿔 잘려나간 사슴 가슴에서 잘 익은 고춧빛 핏물이

흘러나와
　그 밑에 파헤쳐진 고려장 터에 말라붙는다
　어머니는 그렇게 밤마다
　뿔 잘려 나가는 꿈을 꾼다

*마달밭 : 산자락에 붙은 척박한 비탈밭의 경상도 방언
*구덕살 : '굳은살'의 방언

어머니의 곡예

지팡이를 앞세우고 다니시던 어머니가 6차선 도로를 건널 때는 반도 건너지 못해 파란 신호등은 빨간 불로 바뀌곤 했다 하루 한 번씩 그 길을 건너는 것이 일과가 되어버린 어머니

아무리 그 길 건너다니지 말라고 말려도 어머니는 아무 볼일 없이 그 길을 건너다니셨다 어떤 때는 길 한복판에서 다음 파란 신호가 나올 때까지 서 있기도 했다 신호만 바뀌면 자동차는 번개같이 멈췄던 질주를 시작했다 한 개의 고정된 점 옆으로 무수한 긴 질주가 대비되었다

어머니의 길 건너기는 곡예였다 곡예사가 곡예를 함으로써 삶을 확인하듯이 어머니는 날마다 삶을 확인하기 위해 길 건너기를 했으리라

지금은 바람 든 고관절 뼈의 골절로 꼼짝도 못하시는 어머니, 다시는 걸어 다닐 수 없게 된 어머니는 그 길 한복판에서 곡예를 하던 꿈을 낮잠에도 밤잠에도 꾸고 있으리

어머니의 지팡이

아침밥만 먹고 나면
현관 구석에 선 지팡이가 어머니를 불러낸다
지팡이는 어머니의 손을 잡고 길을 간다
망백望百의 무게를 대신 지고 간다
지팡이가 어머니를 이끌면
어머니는 산통을 느끼면서
잉태한 길을 출산하면서 간다
가다가 길이 꺾어지면 지팡이가 꿋꿋이 서서
어머니를 앉힌 뒤 저는 누워서 쉰다
지팡이는 날마다 굳은 땅을 찔러댄다
어머니 묻힐 땅이 얼마나 단단한가 재어 보는 것이다

지팡이에 의지하기 전 어머니는
진흙길이거나 돌길이거나 길 없는 가시밭을 걸어왔지만
멀리 걸어온 그 길들 생각에 이 시멘트 길을 좋아한다
스테인리스 지팡이에 무너져 가는 생이 매달려 헐떡거릴 때마다
어머니 깊은 숨소리는 지팡이가 받아 땅에 박는다

702호 병실

요양병원 702호 병실, 밥 먹는 일도 물 마시는 일도 일어나 앉는 일도 눕는 일도 창문을 여는 일도 간호사가 와야 할 수 있는 노인이 누워 있다

11남매가 열고 나온 문엔 탯줄 같은 오줌 줄이 달려 있어 오줌은 저절로 비닐봉지에 모인다

병상에서 몸 한번 마음대로 움직이지 못하지만 노인은 손수건만큼 열린 창을 넘어 날마다 날아간다

오늘은 빗속을 날아다니다가 축축한 옷으로 다시 병상에 누웠다

내일은 창을 열고 날아서 창 너머로 보이는 저 산 큰 나무 아래 좀 쉬다 와야겠고 미국에 있는 손자 보러 좀 다녀와야겠고 손녀 보러 서울로 해운대로 좀 분주히 쏘다녀야겠다

어제 밤엔 고향 뒷재 반석 위에 선 느티나무가 병문안 와서 매미 소리를 한 소쿠리 쏟아놓고 갔다 덕분에 밤새도록 시끄러운 매미 소리를 들어야만 했다

먼저 저승 간 영감이 찾아와서 이제 그만 따라가자고 하는데 못 가겠다고 버티다가 병상 발치께를 발로

힘껏 차고 말았다 영감이 가자고 할 때 잠시 망설였지만 그래도 따라가지 않은 것은 이승에 뿌려 놓은 씨앗 때문이다

영감은 줄을 놓으라고 했지만 아직은 놓을 수 없는 줄이기에 힘껏 쥐고 있다 그래서 간호사도 두 팔을 병상에다 단단히 묶어 놓지 않았는가

그러다 정신 들면 '왜 안 죽노?' 하신다

울기 좋은 곳

울고 싶은데 눈물이 나지 않을 때는
울기 좋은 곳을 찾아 간다

허기진 추억과
가시덤불을 걷던 시절의 아픔과
안개 속 같은 길이
축축한 생을 붙잡고 있을 때
아련히 가슴이 아려 올 때
확 울어버리고 가슴까지 탁 터지도록 비우고 싶을 때
울기 좋은 곳을 찾아 간다

그곳에 가면
눈물이 하염없이 흘러내리고
자연스럽게 흐느껴지는 곳
한 바탕 흐느끼며 눈물 펑펑 쏟아내고 나면
가슴이 뻥 뚫어지는 곳
눈물의 뿌리가 자라는 곳

어머니 병실을 찾아가

마른 장작 같은 어머니 가슴에
얼굴 파묻고 울어보라
얼마나 울기 좋은 곳인가
우리는 태어나면서 거기서 울었지 않느냐

울고 싶거든
눈물이 뿌리 내린 곳에 가서
그 뿌리를 흔들 일이다

명함

안면 있는 어떤 사람을 만났다
노모老母의 안부를 묻길래
고마운 마음으로
노인요양병원에 입원해 있다 했더니
명함 한 장을 내미는 것이었다

'영락장의사
대표 이영원
24시간 대기'

낙엽들

아버지 어머니께 다녀왔습니다
아버지는 낙엽 되어
산에 누워 계시고
어머니는 낙엽 되려고
병원에 누워 계십니다
나는 단풍 들어
낙엽 밟고 돌아왔습니다
밤새도록 낙엽 밟는 소리가 납니다
이명耳鳴이 도졌습니다

어머니 지우기

어머니를 꼼짝 못하게 칠성판에 묶어 땅 속에 누이고 흙으로 덮은 후 나는 눈물 뒤 방울 질끔거리며 돌아와 어머니 지우기에 나섰다 어머니 방의 흔적과 영상들을 쓸어내고 닦아내면서도 몇 개 남은 금붙이는 챙겼다 사망신고하여 호적에서 어머니를 지웠는데 저세상 호적에 올랐는지는 모르겠다 은행에 가서 미처 가져가지 못한 통장은 또 어머니를 말소하듯 말소하면서 돈은 내가 챙겼다 어머니 지우기에 나서면서도 나는 현실적 욕심은 다 채웠다 나는 어머니 지우기를 하면서 슬픔과 욕심 사이를 넘나드는 이중성격파탄자가 되었다 아무리 지워 봐도 아직까지 어머니 방에서는 어머니 기침소리 들리고 TV 소리 흘러나온다 벽시계는 여전히 똑딱거리며 시계추를 흔들면서 세월을 세고 있다 이 모두를 세월이 어느 땐가는 지워주리라 믿지만 저세상 가시면서도 내 가슴 속에 내린 뿌리는 잘라버리지 않고 저승까지 끌고 가신 어머니는 어느 세월이 다 지워줄 것인가

사모곡思母曲

1

땅을 파고
그리운 가슴 하나 묻었습니다
이젠 그리워하지 않으려고요
흐느끼며 묻었습니다

사흘 뒤에 가 봤더니
그리움이 땅속에서 부풀어
봉긋이 풍선처럼 솟아올라 있었습니다
땅 속으로 뿌리는 또 얼마나 내릴는지
내려서는 지구 반대편에 있는
내 아이에게로 찾아갈는지

2

가슴 아리는 회한悔恨이기에
잊으려고 잊어버리려고
다시는 그립지 않으려고
땅 속 깊이 그리움도 묻었습니다
돌아와 보니 아직도 당신 살던 방에는

그리움이 가득했습니다

옷장 안의 옷가지들은
새옷도 재활용 헌옷함으로 옮아 가고
텅 빈 옷장 안에는 그리움만 가득 찼습니다
임자 없는 벽시계는
시간마다 저 혼자 울고 있었지만
언젠가는 또 흔들리는 추도 멈춰서겠지요
텔레비전은 또 까맣게 닫혀
눈물만 흘렸습니다
당신 눕던 자리 머리맡 재봉틀은
당신 장난감이던 화투를 들고
가부좌를 틀고 앉았습니다
당신을 끌고 다니던 지팡이는
스스로 걸어 나가
쓰레기통으로 들어가버렸습니다

3
부엌에서는

등 굽은 아내의 기침소리에
당신의 기침소리가
눈물처럼 묻어납니다

4
거울 속에 내 얼굴을 봅니다
넓적한 얼굴
흰 머리카락
왜 자꾸 당신을 닮아가는지요

5
설날입니다
제상祭床 앞에 앉아
제상 참견하시며 있어야 할 당신
한평생 병풍 앞에 앉아 보지 못했던 당신
오늘은 왜 한 뼘 종이가 되어
조상의 맨 끝줄
병풍에 딱 붙어 계시는지요
밥 한 술도

술 한 잔도
드시지 못하고
자꾸만 되물리기만 하시는군요

6

당신께서 산으로 가신 후 처음으로
고향에 갔습니다
우리 살던 초가집은 없고
덩그런 기와집이 빈집으로 남아 있는데
뒤란에 아버지가 접붙인 감나무는
키가 자랄 대로 자라 있었습니다
당신 젊은 시절 당신 가슴 같은 누더기 옷
빨래방망이로 두들겨 패던 곳
빨래터는 당신처럼 흔적도 없어지고
물긷던 우물은 메워져버렸습니다
한을 심던 산밭뙈기
바뀐 주인이 사슴농장 하고 있었습니다
단오날 그네 매고
그네 타고 훨훨 날고 싶었던

천년 묵은 느티나무
썩은 등걸 하나 남아 있었습니다

7
몇 달이 지나도
당신 방에 계시는 환각으로
가끔 당신 기침소리 듣는
당신의 이름은 '오매'
오매 오매 우리 오매
어릴 때처럼 그 이름 한번 불러봅니다
오매!

벽시계

어머니 가신 후
어머니 방의 벽시계도 멈춰섰다
멈춰선 벽시계가 가련하여
집에 다니러 왔던 딸아이가
태엽을 감아주고 갔다
벽시계는 똑딱똑딱 잘 가고 있다
어머니 방이 살아 있다
거실에 앉아 있으니
벽시계가 시간을 알린다
띵똥 하고 한 점을 울렸다
이어서 어머니 기침 소리가 들렸다
앗, 어머니 점심이 늦었구나
일어서다 생각하니
아니구나!

명태전

할아버지 제사 모시려고 명태전을 붙인다
달구어진 후라이팬에서 명태살이 누워 바르르 떠는 동안
바다가 후라이팬 안에서 들끓었다
드디어 명태살이 바닥에 몸 착 붙이고 편안하게 눕는다

할아버지 치매로 고래고래 소리 지르던 날
할아버지 손발이 부르르 떨던 날
초가집이 들썩거리고 지붕의 이엉이 일어섰다
할아버지 눈 감으시더니 편안히 방바닥에 몸 붙이고 누우셨다
일어섰던 지붕의 이엉이 다시 제자리에 눕고 조용해진 초가집
곡소리가 담을 넘었다

오늘 할아버지 오셔서 저 명태전 운감하시려나
바다가 통째로 할아버지 뱃속으로 빨려 들어가려나
파도 같은 고함소리 한번 크게 질러 보시려나

어떤 주례

먼저 저승 간 친구 아들 결혼식장에 주례로 서 있었는데 신랑 입장 때 신랑 뒤에 저승 간 친구가 덥수룩한 얼굴로 따라 들어오다가 주례로 선 나를 보고 손을 번쩍 들었다 앞이 캄캄했다

신랑측 혼주 자리엔 신랑의 백부가 앉았는데 그 친구는 앉을 자리가 없어서 혼주석 뒤에 서서 시무룩하다 나는 또 앞이 캄캄했다

신랑이 선 자리에 그 친구가 섰다가 또 신랑이 섰다가 하여 부자가 번갈아 서는데 나는 주례사를 하면서 자꾸만 말이 헷갈렸다

신랑 신부가 양가 어른께 인사를 올리는데 친구는 혼주석 앞 땅바닥에 낼름 와서 점잖게 앉아 있다 내가 또 앞이 캄캄하여 머리를 흔들었더니 그 친구 어디 가고 없다

신랑 신부가 기념사진을 찍는데 그 친구는 맨 뒷자리에 까치발로 서서 얼굴을 들이밀었다 순간 또 앞이 캄캄하여 그 사진이 새까맣게 나올 것을 염려했다

결혼식에는 그 친구가 좋아하던 많은 친구들이 거의 오지 않았다 결혼식을 다 마치고 그는 '씨~발놈들' 하

고는 어디론가 사라졌다
  저승에서 온 사람은 이승에 자리가 없다
  그래도 그 친구는 아들과 며느리에게 행복의 상자
하나를 주고 가더라
  꼭 행복한 가정을 꾸릴 것이다
  간절한 나의 주례사처럼

부음訃音

친구 넷이서 봄꽃놀이 갔는데요

구미 가서 구미천 흐드러진 벚꽃길 걸어 쇠고기국밥 한 그릇에 소주도 한 잔씩 걸치고 얼큰하여 금오지 물 위의 산책로를 지나 길재의 채미정에 들어 고색창연한 기왓지붕 위에 얹힌 꽃도 보고 회고가를 불렀는데요

4월 날씨답지 않은 추위 때문에 일찍 모텔에 들었는데요

곧 이어 봄꽃 위에 때 아닌 진눈개비 흩뿌렸는데요

저녁 먹고 술 한 잔 걸치고 점 백 짜리 고스톱이 붙었는데요

한창 열을 내어 백 원을 두고 다투다가 손전화로 친구의 부음을 들었는데요

가져간 인삼주 한 잔으로 잠시 애도하는 분위기는 되었으나 그 뒤에도 우리는 목청 높여 가며 점 백에 울고 웃었는데요

낮에 본 사꾸라는 별로 화투판에 도움이 되지 않고 이 봄날 국화 열이나 비 쭉지나 난초 열이나 오동을 선호하며 때로 얼굴 붉히며 화툿장을 두들겨 팼는데요

이튿날 걸어내려오는 길가에 해맑은 목련꽃과 기집

애처럼 저수지 물을 향해 장난치는 벚꽃가지 보며 즐거워했는데요

부음을 주고 간 그 친구는 병원에 누워 창 너머로라도 흐드러진 벚꽃 가지를 보고나 갔는지 궁금했는데요

침몰한 천안함 함미 부분을 인양하여 바다 속에 갇혀 있던 젊은 주검들이 바닷물에 저려진 채 꾸역꾸역 기어 나오던 날이었는데요

파란 하늘을 배경으로 깔깔대며 수다떠는 벚꽃이 더욱 눈 부시는 봄날이었습니다

영혼 나비

경기도 성남시 e-푸른성남*
용광로엔 꿈틀거림도 없는 육신이 불에 타고
한 시간도 안 걸려 한 줌 재로 나오는데
불길을 거쳐 나온 하얀 영혼들이
찾아온 사람들의 가슴을 밟고 밟고
주위를 둘러싼 푸른 나무숲에
흰나비로 폴폴 날아다니는 것이었다
영혼으로도 덜 자란 듯 서툴기만 한 날갯짓에
공연히 아려 오는 젖은 가슴
저 숱한 영혼나비 중에
우리를 여기까지 끌어다 놓고
용광로에 걸어들어간 사람 영혼은 어느 것인가
밤이 들면 저 숲엔
하얀 별들이 주렁주렁 열리고
나무숲들은 또 머리 풀고 흐느끼리라
이승과 저승의 경계인 여기
나무숲 아래 강물이 흐른다

*경기도 성남시 시립 화장장

해설

통증과 눈물과 그리움의 시학
– 김필규의 시세계

해설 · 차한수(시인 · 문학평론가)

1

김필규 시인과의 친분은 아마 40여년이 된 것 같다. 어학을 전공한 것으로 알고 있었는데, 시집 《잡목으로 서서》《가슴에 흐르는 강》《달빛 푸른 골짜기》 등을 간행하며 시 창작에 전념하고 있는 것 같다.

그는 언제나 겸손하고 온화한 성품이지만, 대쪽 같은 고집으로 평생을 흠결 없이 살아온 지성인으로 알고 있다.

이 시집의 〈시인의 말〉에서 밝힌 바와 같이 〈시는 인생의 탐구〉라는 명제 아래 시창작에 신명을 다하는 자세는 작금의 가벼운 세태와는 다른 일면을 보여주고 있다. 또한 등단이라는 틀을 뛰어넘어 오로지 자신의 길을 묵묵히 걷고 있어 믿음이 가는 시인이라는 생각을 하게 한다.

이번에 간행하는 시집 《어머니의 지팡이》는 이러한 신념을 가지고 뒤를 돌아보는 회고적 상상력으로 절실하게 걸어온 삶의 진실을 자연의 섭리로 고백하고 있다고 하겠다.

2

김필규 시인의 시는 대체로 소년 회상을 시의 중심 주제로 하며 시적 세계의 기초를 이루고 있다. 이 같은 자세는 반성과 성찰을 통한 창조적 세계를 열어가는 통로가 아닌가 싶다.

어느 날 문득 그 아이 손을 잡고 말았다
그 지집애
귓불이 볼그레해졌다
나도 얼굴이 달아올랐다
이튿날 그 지집애는
눈인사도 못한 채
양복 입은 사람 따라 마을을 떠났다
어제 손을 잡지 말 것을, 하고 생각했다
내 손이 바르르 떨렸다
떨리는 손을 들어 보았다
손이 볼그레해졌다
수십 년이 지난 오늘
나는 먼 타관의 이 강변에 앉아
고향의 강변을 생각한다
강물 속에 그 소녀가 나타났다가 사라졌다
그 소녀는 그때 모습 그대로다

이 나이에 내 얼굴이 왜 이리 달아오를까
그 소녀는 그대로인데 나는 왜 늙었을까
늙은 손이 어설프게 떨린다
손을 들어 보았다
손은 쪼글쪼글하고 손등에 검버섯이 피어 있다

—「강변동화」 부분

인용 시는 안개처럼 피어오르는 소녀의 영상을 생생하게 그린다. 많은 시간이 흘러가버린 오늘 〈쪼글쪼글하고 손등에 검버섯이 피어〉난 것을 발견한 화자는 밀물같이 밀려오는 내적 갈등을 체험한다.

〈어느 날 문득 그 아이 손을 잡고 말았다/ 그 지집애/ 귓볼이 볼그레해졌다/ 나도 얼굴이 달아올랐다〉, 문득 손을 잡았기 때문에 지집애는 귓볼이 볼그레 달아올랐고, 화자 역시 얼굴이 달아올랐다는 사건과 〈이튿날 그 지집애는/ 눈인사도 못한 채〉 마을을 떠난 사실을 알고 〈어제 손을 잡〉은 것에 대해 갈등한다. 그런데 그 잡은 〈손이 볼그레해졌다〉는 것이다.

이 같은 사건의 전개를 통해 시적 화자는 〈수십 년이 지난 오늘〉 〈먼 타관의 강변에 앉아 고향의 강변〉을 회상한다. 그 강물에 어리는 소녀를 발견하면서, ①이 나이에 얼굴이 왜 이리 달아오를까! ②그 소녀는 그대로인데 나는 왜 늙었을까! 탄식한다. 여기서 ①의 경우가 내적 현상이라면 ②의 경우는 외적 현상이라 하겠다. 즉 〈손이 볼그레해졌다〉는 것은 과거적 상상력에 의한 이미지라면 〈늙은 손이 어설프게 떨린다〉는 현상적 이미지로 사실화 된다. 〈손은 쪼글쪼글하고 손등에 검버섯이 피어 있다〉는 사실이다.

사람이 나이가 들수록 아이가 되어 간다는 것은 아이의 순수로 되돌아가는 것을 의미한다. 〈나는 왜 늙었을까〉라는 탄식은 자조적 갈등이 아니라 달관의 경지로 다가선 삶의 자세가 아닌가 싶다.

그리고 다음 시편들도 이러한 흐름을 뒷받침하고 있다.

> 강물은 거부하지 않는다/ 산골짜기 작은 물도 받아들이고/ 작은 강도 받아들여 잘 어울린다
>
> –「강물 3」 부분

> 눈앞에 보이는 저 강물은/ 어제 여기 있던 강물은 아니네
>
> –「강변에서 2」 부분

> 젊을 때는 가슴에 빈 공간이 없었는데/ 늙어서 가슴을 비운 것은/ 누구나 드나들기 좋게 하기 위한 것
>
> –「강변의 고목」 부분

위의 시편들은 〈거부하지 않고 받아들이고〉, 〈눈앞에 보이는 저 강물은/ 어제 여기 있던 강물이 아니〉고, 〈늙어서 가슴을 비운 것은/ 누구나 드나들기 좋도록 하기 위한 것〉으로 모두가 지극히 긍적적인 화자의 정신적 자세를 형상하고 있다고 판단된다.

3

김필규 시의 특성으로 설화성을 들 수 있다. 삶의 진실에 초점을 맞추는 시의 경우는 인간체험이 절실할수록 감동은 커지는 것이다. 「통증」은 체험에 대한 해석적인 예증을 유형별로 열거하고 있다.

대상포진帶狀疱疹이라 했다
옆구리에 초사흘 달같이 생긴 작은 피부질환
가슴의 갈비뼈를 누가 뜯어먹고 있는 것일까
배의 속살을 누가 날카로운 쇠붙이로 긁어내고 있는 것일까
옆구리뼈를 누가 흔들고 있는 것일까

어릴 적 앓았던 수두 바이러스가 몇 십 년 잠재해 있다가 생긴 것이라 했다
이 통증도 내가 과거에 아파야 했는데 덜 아프고 넘어간 것이거나 누구의 통증을 느껴야 했는데 미처 느끼

지 못한 것들이 내 몸 어딘가에 몇 십 년 잠재해 있다가
나타나는 것이거나 또 누구에게 전해 받은 것이리라
  아버지 어머니가 돌아가실 때의 통증이거나
  6·25때 피난 보따리 걸머지고 할머니는 두고 포성이
들리는 집을 떠날 때의 통증이거나
  동생이 엄청난 병에 걸려 있다가 사고로 죽어갈 때의
통증이거나
  일제강점기 때 아버지가 공출을 내지 못해 면사무소
의 박 서기한테 따귀 맞는 모습을 보았을 때의 통증이
거나
  나로 인해 흘리는 아버지 어머니의 눈물을 보았을 때
의 통증이거나
  그런 것들이 몸 어느 구석에 뿌리를 내리고 있다가
이제 하나씩 나타나는 것이리라

  아직도 내 몸 어딘가엔 나타나지 않은 통증이 숨어
있어
  남은 세월 동안 하나씩 꺼내 보이는 것
  얼마나 아파야 숨겨 놓은 통증 다 파내고
  불꽃 활활 타는 곳으로 걸어 들어갈까

—「통증」 전문

위의 시는 대상포진에 대한 해석을 전제로 하여 통증

의 내용을 유형별로 열거하고 있다. 어떤 통증도 모두 인과에 의한 필연적인 현상이기 때문에 피할 수 없는 운명으로 파악하고 있다.

즉 〈내가 과거에 아파야 했는데 덜 아프고 넘어간 것〉이거나, 〈누구의 통증을 느껴야 했는데 미처 느끼지 못한 것〉들이 내 몸 어딘가에 잠재해 있다가 나타난 것들이라 생각한다.

그런가 하면 보다 구체적인 통증을 하나하나 제시한다.

①아버지 어머니가 돌아가실 때의 통증 ②6·25 때 할머니 두고 집을 떠날 때의 통증 ③동생이 병을 앓다가 사고로 죽을 때의 통증 ④일제강점기에 아버지가 공출을 내지 못해 박 서기한테 따귀 맞는 모습을 보았을 때의 통증 ⑤나로 인해 어머니 아버지 눈물을 보았을 때의 통증들이 몸 어느 구석에 뿌리를 내리고 있다가 나타나는 그런 통증은 모두 뼈를 갈고 살을 에는 아픔으로 나타난다는 것이다.

그런데, 내 몸 어딘가에 숨어 있는 통증은 얼마나 더 아파야 숨겨 놓은 통증을 모두 파낼 것인가.

여기서 시적 화자는 이러한 통증은 통과의례로 밟지 않으면 안될 숙명으로 인지한다. 이것은 바로 삶의 문제로, 물이 아래로 흘러가듯 생성과 소멸의 이치를 전제로 한 화자의 태도에서 분명하게 나타난다. 이는 시인의 청결한 정신이 그대로 표상되어 있음을 말한다. 이러한 태도는「걸어다니는 나무」에도 나타난다.

고향에 몇 백 년 묵은 느티나무가 사라지더니
몇 천리를 걸어와 내 가슴에 들었다
그때부터 내 가슴 속에 나무 하나 키운다
나무가 나보다 나이가 많으니
나무가 나를 키운다고 보는 것이 옳을 것이다
나무가 바람을 먹어
나이테를 다 파버리고 속이 텅 비었다
속 빈 나무처럼 내 속도 비우고 있는 중이다
내 속 비운 자리엔
지나간 바람들이 발자국을 남긴다
때로 나무는 내 가슴에서 나와
고향을 다녀오기도 하고
고향 소식을 가져 오기도 한다
그럴 때 나는 또 고향으로 가서
느티나무 섰던 빈자리에 나무를 세워 놓고 오지만
집에 와서 보면 어느새 내 가슴 속에 와서 흔든다
그때마다 나는 텅 빈 마른 느티나무를
돌로 쿵쿵 울리고 있다
나무가 비어 있는 내 가슴을
울리고 있는지도 모른다
내 가슴에 느티나무 북소리가 들린다
아이들이 창가唱歌를 한다

—「걸어다니는 나무」 전문

「걸어다니는 나무」는 삶에 대한 성찰의 자세로 순수한 생명 과정을 상상력에 의해 시적 공간을 이루고 있다.

고향에 있던 몇 백 년 묵은 느티나무가 몇 천리를 걸어서 내 가슴에 들어와 있다는 화자의 고백이다.

그래서 가슴 속에 나무 하나를 키우게 된다. 나무는 바람을 먹어 나이테를 다 파버리고 속이 텅 비었다. 속빈 나무처럼 내 속도 비우고 있다는 것이다.

때로는 나무는 가슴에서 나와 고향에 다녀오기도 한다. 고향 소식을 가져오면, 나도 고향으로 가서 느티나무 섰던 자리에 가슴 속의 나무를 두고 오지만 느티나무는 어느새 내 가슴에 들어와 있다는 것이다.

고향의 느티나무와 나와의 상관성은 시적 자아의 의식에 잠재해 있는 세계인식은 오래된 느티나무처럼 그 뿌리가 깊이 내려 있다는 사실이다.

> 팽팽히 잡고 있는 뿌리들
>
> (중략)
>
> 끊겨서까지 떨어지지 않으려고 서로 꽉 잡고 있는 뿌리들 억지로 갈라놓고 나니
>
> 죽은 뿌리에서도 살아있는 뿌리에서도
>
> 선혈이 낭자하다
>
> —「분갈이」 부분

「분갈이」에서 보듯이 팽팽히 잡고 있는 뿌리가 끊겨서까지 떨어지지 않으려는 절박한 상황에서 오는 아픔과 고뇌가 그만큼 처절하다. 〈억지로 갈라 놓고나니 죽은 뿌리에서도 살아 있는 뿌리에서도 선혈이 낭자하다〉 할 만큼 자연의 이법으로 전개되는 순리가 얼마나 귀한 것인가를 천명하고 있다고 하겠다.

4

①

아침밥만 먹고 나면
현관 구석에 선 지팡이가 어머니를 불러낸다
지팡이는 어머니의 손을 잡고 길을 간다
망백望百의 무게를 대신 지고 간다
(중략)
지팡이에 의지하기 전 어머니는
진흙길이거나 돌길이거나 길 없는 가시밭을 걸어 왔지만

—「어머니의 지팡이」 부분

②

어머니의 길 건너기는 곡예였다 곡예사가 곡예를 함으로써 삶을 확인하듯이 어머니는 날마다 삶을 확인하기 위해 길 건너기를 했으리라

지금은 바람 든 고관절 뼈의 골절로 꼼짝도 못하시는 어머니, 다시는 걸어 다닐 수 없게 된 어머니는 그 길 한복판에서 곡예를 하던 꿈을 낮잠에도 밤잠에도 꾸고 있으리

—「어머니의 곡예」 부분

③

11남매가 문을 열고 나온 문엔 탯줄 같은 오줌 줄이 달려 있어 오줌은 저절로 비닐봉지에 모인다

병상에서 몸 한번 마음대로 움직이지 못하지만 노인은 손수건만큼 열린 창을 넘어서 날마다 날아간다

오늘은 빗속을 날아다니다가 축축한 옷으로 다시 병상에 누웠다

내일은 창을 열고 날아서 창 너머로 보이는 저 산 큰 나무 아래 좀 쉬다 와야겠고 미국에 있는 손자 보러 좀 다녀와야겠고 손녀 보러 서울로 해운대로 좀 분주히 쏘다녀야겠다

어제 밤엔 고향 뒷재 반석 위에 선 느티나무가 병문안 와서 매미 소리를 한 소쿠리 쏟아놓고 갔다 덕분에 밤새도록 시끄러운 매미 소리를 들어야만 했다

—「702호 병실」 부분

①에서 지팡이는 어머니의 안내자로 형상하고 있다.

어머니는 지팡이 없이는 어디에도 갈 수가 없다. 화자는 지팡이가 망백望百 즉 백세를 바라보는 육신을 지고 가는 것이다. 하지만 지팡이에 의지하기 전의 어머니는 〈진흙길〉이거나 〈돌길〉이거나 〈길 없는 가시밭〉을 헤치며 생애를 살아온 것이다. 이것이 우리 어머니들의 길이기도 하다.

②어머니는 찻길 건너는 곡예사이다.

〈곡예사가 곡예를 함으로써 삶을 확인하듯이 어머니는 날마다 삶을 확인하기 위해 길 건너기를 했으리라〉고 상상한다. 이는 어머니의 삶이 곡예사가 곡예를 하듯이 위태롭게 걸어온 생애와 그 간난의 아픔을 극복해 가는 희열이기도 하다.

때문에 〈지금은 바람 든 고관절 뼈의 골절로, 다시는 걸어 다닐 수 없게 된 어머니는 그 길 한복판에서 곡예를 하던 꿈을 낮잠에도 밤잠에도 꾸고 있〉을 것이라는 생각은 「702호 병실」에서 보다 구체적으로 나타난다.

③은 「702호 병실」의 풍경을 소묘 형식으로 그려 놓았다. 병실에서 〈노인은 손수건만큼 열린 창을 넘어 날마다 날아간다〉 〈빗속을 날아다니다가 축축한 옷으로 다시 병상에 누웠다〉 〈내일은 창을 열고 날아서 큰 나무 아래 쉬다 와야겠고, 손자 손녀 보러 미국으로 서울로 해운대로 분주히 쏘다녀야겠다〉 〈어제 밤엔 고향 뒷재 반석 위에 선 느티나무가 병문안을 와서 매미 소리를 한 소쿠리

쏟아놓고 갔다〉는 표현이다.

이처럼 먼 길 돌아온 어머니의 의식에 잠재하고 있는 화사한 꽃밭의 상상은 인간 본연의 길임을 밝히고 있다 하겠다.

아버지는 짐을 잘 묶는다고 동네에 소문이 났다
일제강점기 공출 낼 때 볏가마니 묶는 일로 아버지는 마을에 불려 다니셨다
아들녀석 객지로 공부하러 갈 때 부치는 짐도
부자父子의 인연만큼이나 단단히 묶었지만
부쳐온 짐을 내가 풀 때는 한 가닥만 잡아당기면 풀어지도록 했다

그러나 정작, 당신의 생에 얽힌 묶임과 매듭은 끝내 풀지 않고 가신 아버지

아버지가 돌아가셔서 시신을 묶는 일은
그렇게 짐 잘 묶는 당신이 하지 않고
다른 사람에게 몸을 내어주고 아무 말 없이 맡겨 두었었다
짐은 단단히 묶는 일도 중요하지만 풀 때 쉽게 풀 수 있도록 해야 하는데
우리 아버지를 묶은 매듭

저승에 가서 쉬 풀었는지 모르겠다

－「묶는다는 것」 전문

이 시의 핵심은 〈짐을 단단히 묶는 일도 중요하지만 풀 때 쉽게 풀 수 있도록 해야 하는데 / 우리 아버지를 묶은 매듭 저승에 가서 쉬 풀었는지 모르겠다〉에 있다.

〈묶는 것〉과 〈푸는 것〉의 행위를 통해 삶에 얽혀 있는 매듭을 어떻게 풀 수 있을까 하는 방법과 가슴에 맺힌 멍을 어떻게 삭힐 수 있을까. 〈너와 나〉 사이에 얽힌 아픔을 어떻게 지울 수 있을까 하는 과제에 대한 생각을 하게 한다. 삶을 꼭꼭 묶은 매듭을 풀 수 있는 길이 어디에 있는지를 찾아야겠다는 각성을 일러준다.

이것은 바로 〈한 가닥만 잡아당기면 풀어지도록〉 한 아버지의 지혜에서 찾을 수 있다.

이상에서 살펴본 바와 같이 강물처럼 흘러온 삶의 유역에서 얻은 진실 가운데 어버이에 대한 따뜻한 훈기는 커다란 그리움으로 뿌리내려 새롭게 움트고 있다는 것을 알 수 있다. 「그리움도 자란다」를 읽어본다.

삭정이가 된 가지들
세월 따라 무너져 내린 고향 느티나무는
그리움을 채우기 위해 속을 비워 갔다

강물은 또 내려갈수록
그리움을 더하여 몸집을 불려
그리움이 출렁거리는 바다에 든다

밤이 깊고 어두울수록
숨었던 별들도 그리움 때문에 얼굴 내밀고
희미한 별들도 더 반짝인다

나무가 자라나듯이
아이들이 커가듯이
그리움도 자란다
세월 가면 잊혀진다 말하지 마라
그리움은 망각 속에서도 자라나
어느 날 불쑥 내민다

사람이 죽어도 그리움은 살아 남는다
그리움은 그리움을 먹고 산다

–「그리움도 자란다」 전문

인간의 내면에는 생명에 대한 근원적인 그리움이 잉태하고 있다. 심중에 뿌리 내린 그리움의 눈빛은 시공을 뛰어넘어 일어나는 현상이다.

이 시에서 〈고향 느티나무는 / 그리움을 채우기 위해

속〉을 비우고 있다고 한다. 이를 바탕으로 하여 연상적인 시의 흐름이 이루어진다. 즉 강물은 〈그리움이 출렁거리는 바다에〉 들고, 〈별들도 그리움 때문에〉 반짝이고, 〈나무가 자라듯이 / 아이들이 커가듯이〉 그리움도 자라고 〈그리움은 망각 속에서도〉 자란다고 노래하고 있다.

김필규 시인의 구도자인 자세는 〈숨겨 놓은 통증 다 파내고 불꽃 활활 타는 곳으로 걸어 들어갈까〉라는 결의로 걸어온 발자국마다 응혈된 형극의 아픔을 우주 공간을 향해 날려버리고, 느티나무 빈 공간의 자유를 희구하는 믿음으로 보다 새로운 세계를 열어갈 것을 바라는 바이다.

어머니의 지팡이

지은이 김필규
1판 1쇄 인쇄 2012년 11월 01일
1판 1쇄 발행 2012년 11월 05일

발행인 김소양

편집주간 김삼주
편집 방지혜
마케팅 김지원, 이희만, 장은혜

발행처 ㈜우리글
출판등록번호 제 321-2010-000113호
출판등록일자 2010년 05월 24일

주소 서울시 서초구 양재2동 299-5 남양빌딩 6층
마케팅팀 02-566-3410 **편집팀** 02-575-7907 **팩스** 02-566-1164
홈페이지 www.wrigle.com **블로그** blog.naver.com/wrigle

값은 표지에 있습니다.
ISBN 978-89-6426-057-9

※잘못 만들어진 책은 구입하신 서점에서 교환해드립니다.